Lasse Los

Aufgang im Untergang?

AF200102

Lasse Los, Jahrgang 1947, Diplompädagoge und Psychologe, Liedermacher und Dichtender, kurzum: Passionierter und mittlerweile pensionierter Mitmensch, beruflich in verschiedenen sozialpädagogischen und psychologisch beratenden Feldern, auch spirituell begleitend, kreativ tätig gewesen, seit etwa dreißig Jahren seine Lebensweisheiten (ver)-dichtend aktiv.

Goethe`s letzte Worte?

Waren
die letzten Worte
von
Goethe:
„Mehr Licht!"

Oder die erstaunte Frage
im Übergang: **„Mehr nicht?"**

Jenseits als Jetztseits?

Vielleicht
gibt`s ja gar kein
>>**Jenseits**<<
Wer weiß, als was es sich entpuppt.
Als
Inseits,
Jetztseits
s o z u s a g e n .
Luise Rinser
(Schriftstellerin)

(In: Luise Rinser, Gratwanderung. Briefe der Freundschaft an Karl Rahner. München 1994, S. 257, Brief vom 09.11.1964)

LASSE LOS

AUFGANG IM UNTERGANG?

LEBEN im Leben, im Sterben, im TOD? UND NUN?

Gedichte, Wort-Bilder, Texte

Bibliografische Information der Deutschen Nationalbibliothek:
Die Deutsche Nationalbibliothek verzeichnet diese Publikation in der
Deutschen Nationalbibliografie; detaillierte bibliografische Daten sind im
Internet über http://dnb.dnb.de abrufbar.

Titelgestaltung: Lasse Los
Edition LOS Band 13
lasselos@email.de

Herstellung und Verlag:
BoD - Books on Demand,
Norderstedt

ISBN: 9-783-7494-9652-5

Meine Texte

Ich durchsetze Euer Leben

nun mit eigenen Gedichten!

Dieses ist mir aufgegeben!

Dazu kann ich mich

verpflichten.

Was die

Texte jetzt entfachen,

das liegt nicht in meiner Hand.

Sie entstehen im Erwachen!

Und sie sind mein Unterpfand

für ein Leben vor dem Tode,

jetztseits aller Zeitenmode,

mich beschleunigt zu

verleben.

Inhalt Seite

<u>Bisher in der Reihe Edition LOS erschienen   141</u>

(Zehn Bände mit Gedichten, Briefen, Texten,
Wort-Bildern, Liedern, Musik-Text-
Collagen und Music-Textivals
zu verschiedenen
Themen)

Vorspann

Frühkindliches
PRÄSENZ-Widerfahrnis

Als ich im frohen Kinderspiel
mit einer rostigen Gabel fiel,
sie mir jäh in die Wange stach,
mir meine Kinderwelt zerbrach.

Und ich den ersten Tod erstarb,
in dem DAS-JENE um mich warb,
das nicht vergeht, wenn wir vergehen,
A U S   D E M wir wieder auferstehen.

Ich schaute: Ich kann ihm vertrauen,
I N   I H M   mein Leben auferbauen.
Ich werd` noch manche Tode sterben,
in   ihnen   aber   nicht   verderben.

Das schenkte mir die LEBENskraft,
aus dem heraus ich das geschafft,
was ich bisher geschaffen habe
als meine eigene Morgengabe
an die zukünftige Menschheit.

ERLÄUTERUNG

Wer nur
Erläuterungen sucht,
bleibt letztlich blind und auf der
Flucht und will nicht sehend werden.
Nach vielen Mühen quälen ihn
doch nur die gleichen Rätsel.

Nur wer
in Läuterung sich findet,
dem lichtet sich die Blindheit auf,
all` das erläutert sich von selbst
und stillt den nimmer satten
Hunger nach Erläuterung.

Doch
Läuterung ist Fegefeuer,
ist Kreuzigung und Sterben
und dann erst Auferstehung.
Wer kann schon von sich sagen,
dass er dies ehrlich will, es
sei denn als Erläuterung.

**Dem
Tod begegnen,
die Angst
aushal-
ten**

In
der Frühe
meines Lebens
bin ich dem Tod
meiner Welten
begegnet,
mir
widerfuhr
nach dem Durchgang
durch die Angst des Nichts
die   UR - EINE - PRÄSENZ,
und ich bekam den Geschmack
vom EINEN-GESCHMACK.

Aufgang im Untergang?

**Nach
deutender Beurtei-
lung empirischer Befunde
tendierte er zur Auffassung,
der Tod sei stets ein Untergang
und nicht vielmehr ein Auf-
gang ins jenseitige
Leben.**

Nach
nüchterner Prüfung
empirischer   Befunde
tendiere ich zur Auffassung,
der Tod sei nicht ein Untergang,
er sei vielmehr ein Auf-Gang
ins pure LEBEN, das manches
Mal das Leben durchlichtet.

Prolog

Was ist der Tod?

Tränenschauer verschleiern mich nach
Deinem Tod und hinter Tränenschleiern
schau` ich Dich ganz neu in meiner Not.

Mein trauerschwerer Innenblick
hat sich im Weich-Spül-Gang
der Tränen aufgeklart und
er gewahrt Dich
unversehrt
und
aufbewahrt
und strahlend.

„Was ist der Tod?" frag` ich
mich bang und hoffnungszart.

Liebe Sophia,

Dein plötzlicher Tod - kurz vor Deinem 17. Geburtstag - hat
mich tief erschüttert und den Grund, in dem ich wurzele,
zum Schwanken gebracht. Nun buchstabiere ich mühsam
jenes vor mich hin, was meinem Leben bisher Tragfähigkeit
und Richtung gab, um wieder Boden unter die Füße zu
bekommen.   Es ist wohl vielen so ergangen, und
manch` einer hat sich voreilig in eine neue vermeintliche
Lebenssicherheit flüchten wollen durch ein Klammern an
böse Gerüchte über Deinen angeblichen Selbstmord.
Aufgrund mancher Gespräche mit Dir war ich von Anfang
an davon überzeugt, dass Du trotz altersbedingter Lebens-
probleme, die Du bewältigen musstest, nicht Hand an Dich
gelegt hast.   Ich hoffe sehr, Dein Sterben während
Deines Herz-Kreislauf-Versagens hat Dich nicht oder nur
kurz leiden lassen.

Aus Gesprächen, die wir im Verlaufe der Norwegenfreizeit 1991 geführt haben, weiß ich von Deiner Angst vor dem Tod. Auch Deiner besten Freundin gegenüber hast Du diese Angst mehrfach geäußert. Doch glaube ich, dass Dir jetzt alle Angst verflogen ist und Du in einer größeren, liebevollen GEGENWART weilst und geborgen bist. Diese Gewissheit wird mir aus vielen Quellen gespeist, u.a. auch aus einer Erfahrung, die mich tief bewegt hat: Während eines Kongresses habe ich die bekannte Sterbeforscherin Elisabeth Kübler-Ross erlebt, wie sie in schlichten aber ergreifenden Worten von ihrer über 30-jährigen Erfahrung mit Sterbenden - vor allem mit sterbenden Kindern - Zeugnis ablegte. Dabei ist mir ein „GEWISSHEITSSCHUB" widerfahren, den „guten Mächten" zu vertrauen, in denen das Leben und der Tod geborgen sind. Seitdem ist mir eine Strophe aus einem Gedicht von Dietrich Bonhoeffer sehr nahe gerückt, die Du sicherlich auch kennst: „Von guten Mächten wunderbar geborgen, erwarten wir getrost, was kommen mag..."

Obwohl mich meine Sicht ein wenig tröstet, bleibt die brutale Tatsache, dass wir ohne Dich weiterleben müssen! Besonders schwer wird dies für Deine Eltern und für Deine Schwester sein, für Deine Anverwandten, für Deinen Freund, für Deine Freundinnen und für alle, die Dich lieb gewonnen haben.   Dein Tod hat in das tragende Beziehungsgeflecht, in dem Du gelebt hast, ein furchtbares Loch gerissen. Alle, die Dir nahe stehen, werden nun lange trauern müssen, bis die Erstarrung sich löst, bis die Vereisung taut und bis die Risse heilen.

„Warum nur musstest Du so früh sterben?" fragen viele. „Warum gerade Du?"   „Warum unsere Tochter?"

„Warum meine Schwester?" „Warum meine Freundin?"
„Warum ist diese Tragik gerade uns widerfahren?"
Unendlich viele Warum-Fragen drängen sich auf, deren
Beantwortung, wäre sie möglich, doch niemanden wirklich
trösten würde. Für Deinen Tod gibt es, so glaube ich,
letztlich keine einsehbaren tröstlichen Erläuterungen. Dein
Tod mutet uns eine harte Läuterung zu. Und ich will mich
durch ihn läutern lassen, so sehr auch mein Verstand nach
Erläuterungen schreit.

Nicht mehr die Frage: „Warum hat das Leben uns Deinen
Tod angetan?" soll bei meiner Trauer im Vordergrund
stehen, auch wenn ich sie nicht verdrängen will, sondern
die Frage: „Wie kann ich dem Leben antworten, wie kann
ich mit meinem Leben auf Deinen Tod antworten?" Und
wenn ich so frage, verschiebt sich meine Blickrichtung von
Deinem Tod und seinem Lebensraub auf Dein gelebtes
Leben. Auf dem Hintergrund Deines plötzlichen Todes
erscheint mir Dein kurzes Leben als besonders leuchtend,
als ein wertvolles Geschenk an uns. Und wenn ich mich
erinnere, fallen mir etliche Begegnungen mit Dir ein, die
mein Leben bereichert haben und die mir kein Tod rauben
kann!   Ich erinnere mich dankbar an mehrere
gute Gespräche mit Dir während der Norwegenfreizeit 1991,
z.B. in der Gesprächsgruppe über den „Sinn des Lebens",
z.B. nach dem Film „Abschied vom Leben", der Dich so sehr
bewegt hat, z.B. nach Deiner Kreislaufstörung, die Dich arg
geängstigt hat und nach der wir lange über den Tod und
das Leben gesprochen haben.

Mit Freude betrachte ich immer einmal wieder den
Einband der Norwegen-Freizeit-Zeitung, den Du so witzig-
fröhlich-kreativ gestaltet hast. Auch die Arbeit der Jugend-

Ökologie-Initiative hast Du bereichert mit Deiner selbstverständlichen Hilfsbereitschaft und Deinem kreativen Gestaltungstalent: Ich denke mit großem Schmunzeln an die tiefsinnig-originelle Ausmalvorlage zur ökologischen Krisenlage, die Du für Kinder entworfen und gestaltet hast - und die sogar von Greenpeace angefordert wurde. Im Jugend-Cafe sind wir uns oft begegnet, wenn auch nur kurz, und Du hast mir immer ein warmherziges mitmenschliches Wohlwollen entgegengebracht, woran ich jetzt mit wehmütiger Dankbarkeit denke. Was mich sehr angerührt hat, war Dein engagierter und zielstrebiger Einsatz für den Aufbau der „Talksession: Orientierung finden", die ja aus mangelndem Interesse bei den angesprochenen Jugendlichen nicht lange überlebte. Trotzdem hast Du nicht aufgegeben und weiter darum gerungen. Vor dem Hintergrund Deines Todes erscheint mir jetzt Dein Ringen gerade um eine solche Gesprächsgruppe, in der es um Fragen der Lebensorientierung geht, wie ein Vermächtnis.

Auch erinnere ich mich an eine bei Dir immer wieder durchscheinende menschenfreundliche Achtsamkeit und Behutsamkeit im Umgang mit anderen, einem mitmenschlichen Verhalten, an dem ich selbst schon lange übe.

Dein Tod soll mir ein Anruf sein, noch achtsamer und behutsamer mit den Menschen und dem Leben umzugehen.

Liebe Sophia, ich trauere um Dich und gedenke Deiner

Dein Lasse

Ich lebe jetzt!
Mein Tod ist zu erwarten!

„Ich lebe jetzt! Mein Tod ist zu erwarten!"
So spricht der Lyriker.* Die Botschaft scheint banal.
Doch wer kann ihrer Dringlichkeit entraten?
Sie nicht zu beachten, wär` fatal.

Wir möchten sie so gerne überhören,
weil sie nur unsere Alltagstrance verstört.
Wir lassen uns viel lieber beschwören
von dem, was uns das Ego betört.

Es kommt urplötzlich aber der Moment,
in welchem wir ihr nicht entfliehen können.

Die Todesnachricht trifft uns vehement
und lässt im Innehalten mich erkennen,
wie mich die Ego-Blendungen narrten:
„Ich lebe jetzt! Mein Tod ist zu erwarten!"

*(*Heinz Kahlau, deutscher Lyriker, 1931 - 2012,
im berühmten Gedicht „Kein Gott" von 1973)*

(Weitere Texte zur Thematik in:
„Lasse Los: ...dennoch JA zum Leben sagen!"
Musik-Text-Collagen zu drei bewegenden tragischen
Schicksalen - 2016 BoD, Norderstedt)

Traumbegegnung mit einer Toten

Ich hab` von Dir geträumt,
nach Deinem frühen Tod.
Im Traum hast Du gelebt,
diesseits von aller Not.

Und hast gelacht und Dich gefreut,
als ich Dir nahe kam.
Hast mir gesagt, dass Dich auch heut`
der Tod nicht von Dir nahm.

Ich weiß, es ist ja nur ein Traum,
der mich wohl trösten soll.

Doch scheint durch seinen Bilder-Raum
ein Lebewohl, das mir den Groll
und auch die Trauer mindert.

Ich weiß nicht, von woher es quoll:
Mir ist die Würglichkeit gelindert!

(Für Sophia, die mit 16 Jahren plötzlich starb)

(Weitere Träume zur Thematik in:
„Lasse Los: Im Staunen bin ich freigesetzt"
Gedichte, Lieder, Texte - 2016 BoD, Norderstedt)

L E B E N im Leben? oder: Stirb und werde!

„Auch wenn Nahtoderfahrungen keine strengen ‚Beweise' für ein Weiterleben nach dem Tod darstellen, vermitteln sie den betroffenen Personen eine Ahnung von einer verheißungsvollen Wirklichkeit, die nach dem Tod wartet. Die Beschäftigung mit dem Tod führt zur Frage nach dem ‚richtigen', dem ‚guten' Leben. In Lebensrückblicken werden ethische Impulse sichtbar, die geeignet sind, das Verständnis des menschlichen Miteinanders und der Nächstenliebe zu vertiefen."

Dr. phil. Joachim Nicolay

Sterbeforscher, Vorsitzender des „Netzwerk Nahtoderfahrung e.V."

*(In: Joachim Nicolay [HG.]: Ein Gehen ins Licht - Nahtoderfahrungen,
2017 Butzon&Bercker GmbH – Klappentext)*

Auf-
gegeben
aufzugeben

Was mit dem Tode aufgegeben:

Das Todesleben aufzugeben:

Den Tod im Leben
aufzuge-
ben.

Aufrichtiger mitleben

Die Zeit ist eine Illusion,
sagst Du, es gibt sie nur im Raum,
den wir bewohnen wie im Traum,
sagst Du, und den wir bald schon,
raum-zeit-befreit, verlassen.

Warum aus solchem Traumgeschehen
nicht jetztseits hier erwachen,
fragst Du, warum nicht auferstehen
diesseits vom Zeitenrachen, fragst Du,
jetztseits in Raum und Zeit?

Du willst der Zeit nicht wehren,
sagst Du, Du lässt Dich mit ihr gehen.
Du willst sie nicht verkehren,
sagst Du, willst nicht in ihr verwehen,
wie die, die an den Zeiten kleben.
Du willst, in ihrem Raum befreit,
sagst Du, aufrichtiger mitleben.

Befreiungsweg der Kehre

Ich hätte Dir heraushelfen können
aus Deiner mit-ver-schul-de-ten Misere.
Doch wolltest Du die Einsicht Dir nicht gönnen,
Dich freizulassen auf dem Weg der Kehre.

Verliebt in Dich und auch Dein Weltgebaren
entging Dir stets, was eigentlich doch zählt.
Und blindlings hast Du weiter Dich verfahren
und nicht geschaut, warum Dich das so quält.

Was Du mir klagtest, hab` ich ernst genommen,
Dir vielfach den Befreiungsweg gewiesen,
den schmalen Pfad, auf dem wir nur entkommen
aus allen selbstsüchtig gezüchteten Krisen.

Du aber wolltest doch nur weiter wandeln
auf jener breiten Straße ins Verderben.
Du bist dabei, Dein Leben zu verschandeln!
Ich hoffe auf die Kehre im Ersterben!

Bewusst-er-leben

Meine Zeit, sie ist bemessen!
Sie vergeuden will ich nicht.
Und ich darf es nicht vergessen,
dass sie eines Tages bricht.

Dieser Tag kann heute sein!
Während ich bis an die Zähne
mehrfach mich gesichert wähne,
schlägt der Tod vielleicht schon ein!

Solch` ein Sinnen lässt erwachen,
lässt den Tag bewusst-er-leben,
schenkt Distanz zum Zeitenrachen
und zum wohligen Verkleben
am gesicherten Bestreben,
sich letztendlich ein-zu-machen.

Das Lebens-Blatt

Es
ist uns
eines aufgegeben:
Wie
finden wir das LEBEN im
Leben?
Allein zu überleben ist zu dünn!
Was
bringt schon Überlebensgewinn, wenn
wir
- nachdem das Leben uns verschlissen -
am Ende
unsrer Frist versterben müssen?
Allein
zu überleben haut uns hin!
Das
L E B E N
im
Leben
ist
der
Sinn!

Dich nicht zu Tode siegen

Um mehr vom Leben abzukriegen im
jeweiligen Status-Quo, brauchst
Du Dich nicht zu Tode siegen.
Denn sterben wirst Du
sowie-
so!

Dein jäher Tod

Vor
einer Woche haben
wir die
letzte Ehre
Dir gegeben.

Dein jäher Tod vertiefte mir
die Achtsamkeit für alles Leben.

Die
Todesangst,
sie blieb mir fern

Zwei Lungenembolien drohten
als ängs-ti-gen-de To-des-bo-ten
mein Leben plötzlich umzuwenden
und es im Tode zu beenden.

Im Anblick jener Ur-Gefahr
wurd` mir die Klarsicht jäh gewahr:
„Ich leb` auf einem and`ren Stern!
Die Todesangst, sie bleibt mir fern!"

Und mich durchströmte Urvertrauen
und schützte mich vor`m Todesgrauen
und ließ mir meine Zukunft offen
und mich gelassen weiter hoffen.

Ich hab` die Lungenembolien
mit ihren To-des-e-ner-gi-en
noch einmal dankbar überlebt,
ins Leben mich neu eingewebt
mit tragiktragendem Vertrauen.

Die unbedingte Verfügbarkeit

Es wuchert die Verfügbarkeit der Dinge
in einem Übermaß, das schleichend uns verroht.
In ihrem Dschungel lauert manche Schlinge,
die uns mit dem Erstickungstod bedroht.

Sie pflegt uns um die Brust die alten Ringe,
die wir mit ihr doch längst zerschnitten glaubten.
Seht her! Sie führt sie nicht, die Freiheitsklinge,
wie alle Gläubigen es immer noch behaupten!

Im Gegenteil, sie ist der Slavenhalter,
den wir für uns im Datenrausch erwählt.
Nur Noch-Verfügbares ist das, was zählt
für alle neu versklavten Zeit-Gestalten.

Und längst bereit, uns schonungslos zu fügen,
erstreben wir das „Schöne-Neue-Welt"-Vergnügen!

(Weitere Texte zur Thematik in:
„Lasse Los: Seid Ihr noch zu retten?" Music-Textivals,
2016 BoD, Norderstedt und: „Lasse Los: UMKEHREN
oder UMKOMMEN?" Gedichte und Lieder zur aktuellen
ökologischen Weltlage - 2020 BoD, Norderstedt)

Drei Wege zum Transpersonalen

Der
linke Weg:
Der Innen-Weg,
allein mit mir
nach Innen.

Der
rechte Weg:
Der Außen-Weg,
allein mit Euch
nach Außen.

Der
mittlere,
der Mittenweg.
Im Plus-Fluss durch
die Kreu - zi - gung,
im Innenäußersten,
im Außeninnersten:
Die Auferstehung
vor dem Tode!

Durch`s Kreuz der Wandlung

Dein
Weg durch`s
Kreuz der Wandlung
verendet Dir am Nullpunkt
im Stillstand
aller
Handlung.
Du bist ins
Nichts getunkt!

Es sterben Deine Welten!
Was stets noch trug, es wankt!
Was stets nur Trug, es krankt!
Was soll Dir jetzt noch gelten?
Was Dich bisher betankt?

Die Marter lässt Dich
schmorren! Ach, Du
vergehst Dir bald!
Und wirst doch
neu geboren,
vom Ursprung
schon erkoren,
in lichterPlus-Gestalt.

Dein Weg durch`s Kreuz der Wandlung
vollendet sich im Kreuzpunkt in Stille.
Alle Handlung ist Dir Ins-
Jetzt getunkt.

Falsches Streben sterben lassen

Was könnten wir doch
miteinander für ein Leben führen!

Wenn wir nicht so verblendet wären,
mit Blendung uns noch küren und
gegenseitig zieren würden, weil
wir im Tiefsten doch nur frieren
und uns im selbstgewählten Eis
nicht angewärmt und nicht
geborgen, auch nicht geliebt
erleben und so nach außen beben
vor Kälte und vor falschem Streben
im Sterbenlassen aller Schöpfung.

Wie wäre es, wenn wir die Kälte
fahren ließen und miteinander
warteten, bis uralt-neue Wärme
uns sprießen würde aus jenem
Ursprung allen Angenommenseins?

Was würden wir wohl miteinander
dann für ein Leben führen?

Für die gewährte Restlaufzeit

Vor meinem allerletzten AUS
durchkämpfte ich im Krankenhaus
die zwei-te Lun-gen-em-bo-lie.
Sie zwang mich heftig in die Knie.

Doch habe ich sie ü-ber-wun-den
und mich dabei neu vorgefunden
in einer tiefen Dankbarkeit
für die gewährte Restlaufzeit.

Ich werd` mich daran jetzt erfreuen und
mich grad` deshalb auch nicht scheuen,
den Ein-Bruch tiefer zu bedenken,

ihn gründlicher noch zu verstehen,
mein Leben achtsamer zu lenken,
bis zum endgültigen Verwehen.

Gelingendes Leben

Das Notwendige tun!
Nicht weniger, nicht mehr!
In Stille sein im Ruh`n.
So läuft nicht viel verquer.

In wahrer Fülle steh`n
und sich an ihr erfreu`n.
Die Warenfülle scheu`n.
So ihrer Wucht entgeh`n.

Die Wesen liebend schau`n.
Sich ihnen zuwenden.
Dem Miteinander trau`n.
In ihm nur sich verschwenden.

Im Sterben sich ergeben
DEM, was im Schwinden bleibt,
dem LEBEN im Leben,
das zeitfrei einverleibt.

Jetztseitig geboren werden

In jedem
Sterben wirst Du
auch jetztseitig geboren.
Du hinterlässt die Fluchten,
in   die   Du - lohn-gewohnt -
mit Deinem Leben ausgewichen.

Du wirst gekehrt in Schmerzen hin
zum Fluchtpunkt, wo die Perspektiven
enden, jetztseitig, und wenden wird
Dein Leben sich,
anderweitig
wirst Du Dich
neu erheben und
aufgerichteter weiter leben
gegen manche Fluchtversuche,
hin zum Gipfel der Mensch-Mensch-
lichkeit, jenseits aller Mode, jetztseits
hin zur Auferstehung vor der Tode.

Jetztseits IST. Und Du bist in ihm GANZ

Jetztseits ist der Tod längst überwunden.
Jetztseits west Du schon in Ewigkeit.
Jetztseits bist Du im Ursprung entbunden.
Jetztseits lebst Du im Raum zeitbefreit.

Jetztseits ist Dir überall die Klause:
Jetztseits DICH zu leben, todesfern.
Jetztseits bist Du rundherum zuhause.
Jetztseits ist im Äußeren intern.

Jetztseits ist nicht denkend zu erfassen.
Jetztseits IST. Und Du bist in ihm ganz.
Jetztseits bist Du selber Dir erlassen:
Jetztseits in die EINE Resonanz.

LEBEN lernen?

Leben lernen
wollen
alle!

Aber
wollen
alle auch
LEBEN lernen?

Und damit dem Leben
sterben lernen
und
so ins LEBEN
auferstehen lernen?

Leben und Sterben jetzt

Ich lebe jetzt,
das heißt: Ich sterbe.
Ich lebe und der Tod
wohnt nebenan.
Es gibt nicht
Scheidung
oder
Trennung.
In eins sind sie,
das Leben und das Sterben.

(frei nach Krishnamurti)

Lebensfrucht der Todessucht

Was Ihr mit Eurer Todessucht
in Eurem eigenen Tode sucht,
wenn Ihr der Welt den Horror bucht,
ist doch nur pure Lebensflucht.

Auch wenn Ihr unsrem Leben flucht,
weil es nicht Eurer strengen Zucht
entspricht in unsrer Lebensbucht,
so bleibt doch Euer Tun verrucht:

Wenn Ihr in Eurer Todessucht
mit präzisierter Terrorwucht
nur unser aller Tode sucht
als Eures Terrors Lebensfrucht.

(Weitere Gedichte mit Wort-Bildern in:
„Lasse Los: Den Umkehr-Blick wagen"
2016 BoD, Norderstedt)

Lebst Du denn noch?

Ich versuche, Dich aus meinem
Herzensgrunde zu vertreiben.
Doch er ist nicht einverstanden.
Du sollst weiter in ihm bleiben.

Auch wenn Du-mich sehr enttäuscht hast,
ist Dein Platz in-MIR bewahrt.
Und MEIN-Tiefstes, es vergibt Dir
Deine gleichgültige Art.

Lebst Du denn noch? Oder bist du
schon gestorben vor dem Tod,
neu betäubt und auch erblindet
für das eine Morgenrot,

das uns einst zusammenführte
und im Tiefsten mich berührte,
Dir in allem bei zu stehen,
bis wir irgendwann verwehen.

(Weitere Gedichte und Texte in: „Lasse Los: Verwunde(r)t"
Heilsames Misslingen - Testlauf in der Kunst des Scheiterns,
2016, BoD, Norderstedt)

Leidens-Wege

Die Existenz
ist voller Schmerzen:
Ein Leben in Vergänglichkeit!
Von Anfang an dem Tod geweiht,
sucht mancher diese Sicht zu
schwärzen.

Und ringt in
wilden Ego-Krämpfen
dem Leben viele Leiden ab.

Und bringt sich dann noch mehr auf
Trab, um gegen diese anzukämpfen.
Und endet in Ver-zweif-lun-gen!
Und lässt das Krampf-Gehabe sein!

Und ist urplötzlich durchgedrungen
aus allem an-ge-mass-ten Schein
in das, was immer schon geklungen:
Sein ur-entsprung`nes Selber-Sein!

Mit sich vermengt

Bist Du Dir eigentlich im Klaren:
Du bist nochmal davon gekommen!
Was hat in tödlichen Gefahren
Dich da in seinen Schutz genommen?

Ist solch` ein Fragen denn erlaubt?
Wer wollte es verwehren?
Wer nicht mehr fragen will, verstaubt
im eigenen Verjähren.

Die Antwort bleibt wahrscheinlich offen.
Wer sollte sie auch geben?
Vielleicht lässt schon die Frage hoffen
auf eine WIRKLICHKEIT im Leben,

die man im Religionenstreit
symbolgerecht mit sich vermengt
als eine „Gotteswirklichkeit",
die sich dann unverfügbar schenkt.

(Weitere Gedichte zur Thematik in:
„Lasse Los: Der GEIST weh(r)t (sich,) wo er will!"
Abgesang im Übergang zum Aufgang - Kirchen-
kritische Gedichte, Wort-Bilder und Texte - 2016
BoD, Norderstedt)

Nach Todes-Partituren-Plan

In uns, da wächst der Wucherwahn
und explodiert im äußeren Zerstören.
Drum hilft es nichts, auf äuß`rer Bahn
uns mit Verbesserungen zu betören.

Denn dem Zerstörungspotential,
dem dienen wir mit den Veränderungen.
Und wir verfeinern nur die Qual
mit raffinierteren Verblendungen.

Erwachen wir aus unserem Wahn,
gewahren wir die Fratzen der Verendung
in sich zu Tode fressender Verschwendung
nach Todes-Partituren-Plan.

Die Nacht der blinden Macher geht zu Ende!
Doch was erwartet uns an dieser Wende?

(Weitere Texte zur Thematik in:
*„**Lasse Los: Seid ihr noch zu retten?**" Music-Textivals, 2016*
*BoD, Norderstedt und: „**Lasse Los: UMKEHREN oder***
***UMKOMMEN?**" Gedichte und Lieder zur aktuellen*
ökologischen Weltlage - 2020 BoD, Norderstedt)

Neu-Anfang

Nochmal
völlig neu anfangen!
Ohne der Vergangenheit
im Erneuten anzuhangen:
Dazu bin ich jetzt bereit!
Alles hinter mir zu lassen,
auch die Zukunft, die mich
zieht, das ist, was mich
jetzt umfassen will,
was in mir erblüht!
Jetztseits immer
wieder neu
Auferstehen-
vor-dem-
Tode
wider
jede

flücht`ge
Mode: Weizen
trennen von
der Spreu!

Neue Art zu leben

Unsere Art zu leben,
zu nehmen und zu geben,
beraubt uns aller Grund-
lagen, global zu überleben.

Was nottut, ist ein Anfang mit
dem stets neu Beginnenden,
ein ra-di-ka-ler Übergang,
ein Sterben im Zerrinnenden.

Und Neugeburt im Gärenden,
gespeist vom Immer-Währenden,
vom eigentlich Gewinnenden,
ein Aufstehen im Verjährenden.

(Weitere Texte zur Thematik in:
„Lasse Los: Seid Ihr noch zu retten?"
Music-Textivals - 2016 BoD, Norderstedt und:
„Lasse Los: UMKEHREN oder UMKOMMEN?"
Gedichte und Lieder zur aktuellen ökologischen
Weltlage - 2020 BoD, Norderstedt)

Noch lebe ich als Warter

Wann trägt mein Sohn das Datum ein:
Verstorben ist mein Vater
an jenem Tag! Wann wird es sein?

Ich lebe noch als Warter:
als Wartender auf das, was IST,
als Wartender der eigenen Zeit.
Ich warte sie, entsorg` den Mist
und wart` auf das, was mich befreit:

Im Sterben wird es offenbar!

Wann werde ich im Tod vertagt?
Das ist es, was der Antrag fragt,
den mir mein Sohn als Formular
für Förderung heut` vorgelegt.

Die Frage hat mich sehr bewegt!

Wann trägt mein Sohn das Datum ein?
Verstorben ist mein Vater
an jenem Tag. Wann wird es sein?

Noch lebe ich als Warter!

Noch zu durchsterben!

Ins Gefrorene geboren mit
der Sehnsucht nach der Sonne,
die im Mondenlicht schon leuchtet.

Wehe Dir, es bricht der Tag an,
und die Sonne strahlt Dir nun!
Du vergehst in ihrer
Wärme!

Deine
Schneeflockenwelt,
diese formschön eisige,
wird zertaut, wird vernichtet!

Und zerfließt im Wäss`rigen!
Und verdampft zu feuchter Luft!
Ahnst Du schon die Wandlungen,
die Du noch durch-ster-ben wirst?

Paradies

In tiefer Stille offenbarte sich
mir, was selten ich gewahrte:
Das Paradies ist HIER-IM-JETZT.
Nur ist es nicht In - Zeit vernetzt.

Es west im Jetztseitigen an, stets
frei vom Raum- und Zeitenbann und
schenkt sich doch in Raum und Zeit
als AN-TEST-BA-RE E-WIG-KEIT.

Und ich gewahr` es hinter Mauern!
Es sucht vor mir sich zu verschliessen!

Um ego-frei in ihm zu spriessen, muss
ich noch manches Tief durchtrauern,
in meinen Illusionen sterben,
um MICH-IM-PARADIES
zu erben.

(Weitere Gedichte zur Thematik:
„Lasse Los: Stillende Stille" Wort-Bilder
und Gedichte - 2020 BoD, Norderstedt)

Plus-Gestalt-gewolltes Menschen-Menschsein

Noch sind wir da!   Noch könn`nwir uns umhegen!
Doch es ist klar: Sehr lange sind wir nicht!
Noch können wir uns gegenseitig pflegen,
solange,   bis   das   Leben   uns   zerbricht!

Doch meist versinken wir in jenem Wahn,
wir würden in der Zeit doch ewig leben.
Wir   fantasieren   unsere Lebensbahn
als zeitlich ungebrochenes Erheben.

Das Ewige in uns, es ist ganz zeitfrei.
Es zeigt sich in der Zeit als PRÄSENZ,
durchscheint für uns in seiner Transparenz
nur   hier - und - jetzt   in   allem   Vielerlei.

In ihm zu weben im lichtenden Präsent(-)sein,
das   ist   für   uns   höchstmöglicher Gewinn.
Das plusgestalt-gewollte Menschen-Menschsein:
Es   ist   für   uns   der   aufgetragene   Sinn.

Noch sind wir da! Noch könn`n wir uns umhegen!
Doch es ist klar: Sehr lange sind wir nicht!
Noch können wir uns gegenseitig pflegen,
solange, bis das Leben uns zerbricht.

Rotzig-frech ✄ trotzig-stumm

Rotzig-frech und trotzig-stumm,
so läufst Du im Leben rum!
Wirst Du erst im Tod erwachen,
wenn die letzten Schalen krachen,
Du im Licht der Möglichkeiten,
die sich nun vor Dir ausbreiten,
Dein verpfuschtes Leben
schau`n?

Jetzt
schon wünsch`
ich Dir das Grau`n,
das im Sterben Dich befällt,
den Zusammenbruch der Welt,
die Du Dir geschaffen hast,
und die nicht mehr lange passt.
Aus dem ich-süchtigen Schinden
sollst Du bald den Ausgang finden!

Sie kam, sah und starb

Sie
kam, sah
und starb
aus dem Gewöhnlichen
und
auf-
erstand
jetztseits im
Versöhnlichen.

*(zum Besuch beim sterbenden
Vater nach jahrelangem Zwist)*

Sterben lernen

Und wenn Du unreif bleibst, so wird Dein Sterben
mit mancherlei Erkrankung sich verbünden
und Dich von den Verhärtungen entrinden.

So wirst Du das Verweigerte er(w)erben.

Doch willst Du diese Qualen Dir ersparen,
die ja die Flüchtigen durchleiden müssen,
so wähle nun mit vollbewusstem Wissen:

Dein Sterben kannst Du anders auch erfahren!

Du kannst es jetzt schon täglich mit Dir üben,
indem Du immer wieder innehältst
und Dich dem Leben aufmerksamer stellst.

So klärt es Dich und es klart auf im Trüben.

**Wer nicht bereit ist, sterben zu lernen,
der wird sich schnell vom Leben entfernen!**

Stirbt der Same ...

Wieder
einmal hocke ich im Leiden.
Es bedrängt von allen Seiten mich.
Und ich fliehe, ich will es vermeiden,
doch es holt mich ein im Seitenstich.

„Kannst mir nicht so einfach nur entfliehen!"
raunzt es mich in meinen Schmerzen an.
„Denn ich will Dich-doch-zu-DIR hinziehen
aus dem kuschelweichen >Just for fun<.

Halte ein und lausche meinem Röhren.
Und nach einer kurzen Krisenzeit
wirst Du die geheime Botschaft hören,
die verborgen liegt in Deinem Leid.

Sie wird Dir die Ur-Einsicht erschließen:

Stirbt der Same, kann die Pflanze sprießen!"

Tod-Schick!

Tod-Schick?
Was
für
ein
Leben!?

Tod im Brot

Am Ende seiner Zeit
ereilt das Weizenkorn
der Tod im Brot.

Am Ende
meiner Zeit er-
blüht auch mir der Tod:
In welchem Lebensbrot?

Bin ich bereit, schon jetzt
ins Ende meiner Zeit
hinein zu sterben
und so das
LEBEN
zu ererben?

Todesflüchtig

Das todesflüchtige Gelebe,
es altert schnell und siecht dahin.
Sein überdrehtes Lustgestrebe
versiegt sich im Verlust-Gewinn.

Im lebenssüchtigen Gehege
ist Keine-Zeit für Endlichkeit.
Das neu entschlüpfende Gelege
verschärft den Zeiten-Mode-Streit.

Zerstörungstüchtiges Geglaube
treibt Leben auf die Todesbahn.
In seinem süchtig-flücht`gen Wahn
erstickt es bald im Atemraube.

Tor zum LEBEN

Freiwillig leben will ich
und mich nicht nur leben lassen,
treiben lassen, fremdbestimmt.

Sterben lernen vor dem Sterben
als das eine Tor zum LEBEN.

(frei nach David Steindl-Rast,
Meditationslehrer)

Umkehrbar?!

Es morden uns die Geister, die wir riefen!
Das wird uns offenbar von Jahr zu Jahr.
Auch wenn sie uns das Gegenteil verbriefen:
Ihr Wirken, es ist kaum noch umkehrbar!

Sie haben sich als Helfer angepriesen,
um uns von alter Herrschaft zu befrei`n.
Sie trieben uns in neuen Zwang hinein.
Als Herren haben sie sich ausgewiesen.

Wie wird die neue Herrschaft für uns enden?
Wie bändigen wir die Zerstörungsmacht?
Wie können wir das Unheil denn noch wenden,
bevor es - für uns tödlich - sich entfacht?

Es morden uns die Geister, die wir riefen!
Das wird uns offenbar von Jahr zu Jahr.
Wir müssen unsere Einsichten vertiefen:
Wie ist ihr Todeswirken umkehrbar?!

Umsonst umsonnt

Umsonst

umsonnt uns die Sonne

Umsonst

umsorgt uns mit Licht und Wärme.

Umsonst

Warum leben wir?

Umsonst

Warum sterben wir?

Umsonst

Worum kreisen wir?

Umsonst

Und lebst endlich gern!

Bist Du Dir bewusst,

dass Du sterben musst,

und Du siehst es ein,

dass unendlich sein

Dir ein Grauen wär`

lebst Du gerne endlich

und lebst endlich gern!

Und plötzlich ✝

Und plötzlich heißt es: Er ist tot!
Das kann nicht sein! Das darf nicht sein!
Und plötzlich alles aus dem Lot!
Nur Abgrund noch und Seelenpein!

Und plötzlich seh` ich deutlich klar:
Wie schnell das Leben doch zerbricht!
Und plötzlich ist mir offenbar:
Sein schneller Tod ist mir Gericht!

Denn plötzlich trifft das Urteil mich:
Wie kostbar Leben täglich ist
in noch geschenkter Lebensfrist,
bis es sich wendet - oftmals plötzlich –

ins Ungeahnte, in den Tod,
ins Plötz-Lich ✝ jenseits aller Not,
ins Jetztseits, das uns täglich webt,
ins Gröss`re LEBEN uns erhebt,
den Tod
jetzt-
hier zu
überstehen.

VER**WENDBARKEIT**

Wenn Du als Mensch Dich hintergehst
durch Deine Nur - Verwendbarkeit,
wenn Du nicht zu DIR-Selber stehst,
verlierst Du Deine Menschlichkeit.

Und bist schon tot, beziehungstot,
bevor Du sterben wirst und
treibst Dich weiter aus dem Lot.

Ob Du es noch ererben wirst,
was Dich wohl wenden kann
weg vom verbrauchten Leben?

Es ist Dir aufgegeben, Dich
auszulösen aus dem Bann
der eigenen Verwertbarkeit
hin zu gelebter Endlichkeit.

Verkehrt verkehrt

Ein
Küken, endlich
ausgereift zum Schlüpfen,
verweigert sich, dies aktiv mit
zu tun. Es will auch weiter in
seiner Schale ruh`n und nicht
mit anderen durch`s Gehege hüpfen.

Es stellt sich tot und wartet, was geschieht,
verschanzt sich angstvoll vor dem, was ihm nun blüht.
Mit dieser Haltung wird`s ihm schwer, zu [über]leben,
wird es dem schalenfreien Leben übergeben.

Was soll uns dieses Kükengleichnis lehren?
Mit unserem Leben sollen wir so verkehren,
dass wir uns seiner Wandlung nicht verwehren,
und es nicht durch Verweigerung verkehren.

(Weitere Gleichnisgedichte in:
„Lasse Los: Worum geht es eigentlich?"
Gleichnisgedichte, 2020 BoD, Norderstedt)

Wahrscheinlich

Wahrscheinlich
sterben wir JA-Ganz!
Warum dann bloß nur
stueckweise leben?

Verpfuschtes Leben – jäher Tod

Mit dreiundfünfzig Jahren
hat er sich tot gefahren.
Er endete am Straßenbaum und
„Aus!" war der Karrieretraum.

Was bleibt, sind die Bilanzen
der kurzen Lebensbahn.
Er ließ die Puppen tanzen
in seinem Ego-Wahn.

Zerplatzt ist nun sein Ringen,
vertan die Möglichkeiten,
sich menschlich einzubringen
in die verblichenen Zeiten.

Mit seinem jähen Tod erlischt
die Angst vor seiner Härte,
in die er sich zeitlebens sperrte.
Mit ihm ist beides weggewischt!

Und in den Schock der Nachricht
von seinem Tod mischt Freude sich.
Er war eben ein Schwergewicht,
für viele unerträglich.

Und sein verpfuschtes Leben warnt
vor dem, mit dem er sich umgarnt:
Du sollst Dir selber nicht erlauben,
allein nur an Dich selbst zu glauben!

Wesensfremd
und antwortsüchtig

Mit antwortsüchtigem Verlangen
häufst Du ein großes Wissen an
und bist in diesem doch gefangen.
Gewahrst Du nicht den Wissenbann?

In Deiner Gier nach Antworten
behinderst Du Dein Echolot,
um Wesensfragen nicht zu orten:
„Woher, worum, wohin im Tod?"

Dein Ego fürchtet solche Fragen.
Dem Wesen ist es nicht gewachsen.
Es kreist nur um die Ego-Achsen,
sucht Wesensfragen zu vertagen.

Denn sie zerbrechen seine Macht
und treiben es in jene Nacht,
dem Wesen abzusterben,
um dieses zu beerben
als Wesens-
diene-
rin.

Zur Quelle im Zugleich

Die
meisten
meiner Zeitge-
nossen erspar` ich mir,
bis sie nicht mehr
im Weiterhin
sich wild
ent-
schlossen ver-
flüchtigen als Zeitverzehr.

Mein Zeitgenossensparguthaben
wächst stetig an. Ich werde reich
an Zeit, um tiefer noch zu graben,
bis hin zur Quelle im Zugleich.

Hier halt ich inne, trink` Im-Jetzt
den Urquell der Lebendigkeit und
halte diesen Trank bereit, dem,
der sich fast zu Tode gehetzt.

(Weitere Gedichte zur Thematik in:
„Lasse Los: Der GEIST weh(r)t (sich,) wo er will!"
Abgesang im Übergang zum Aufgang - Kirchenkritische
Gedichte und Texte - 2016 BoD, Norderstedt)

Entsterben

Sterben

ent-

erbt Dich zeitlicher Hülle!

Du

aber erbst

im Jetztseits

die Fülle?

Lasse Los

Sanfte Vorbereitung auf das >Sterben<

„Was IST, was ist nicht? Immer durchsichtiger wird mir die materielle Welt. Die Dinge SIND und sind doch nicht. . . . Ich selber werde immer durchsichtiger. Das hat nichts zu tun mit >Selbsterkenntnis<. Es ist völlig außerhalb der psychologisch-moralischen Kategorie. Es geschieht etwas ganz anderes: Der stoffliche Leib (zu dem Gehirn und Nerven gehören) verwandelt sich unmerklich in eine andere Art des DA-SEINS. Man ist in die Materie eingebunden, aber diese Materie ist eine andere als die gewohnte. Das ist, scheint mir, die sanfte Vorbereitung auf das >Sterben<: auf die bedeutende Verwandlung des Seienden.“ (S. 42)

Schauen des grenzenlosen Energiefeldes des Seins

„Schauen. Plötzlich >sehe< ich es: das grenzenlose und endlose Energiefeld des Seins. Es ist in unaufhörlicher Bewegung. Es fließt. Es umfließt uns, aber es steht gleichzeitig still. Es trägt uns mit sich. Es ist das Sein schlechthin. Es ist das, was wir „Gott“ nennen. Der Urstrom. Die Ur-Strömung. Ich sehe mich in diesem Energiefeld. Ich bin Mittelpunkt. Jeder ist Mittelpunkt. Jeder gleich weit entfernt von dem, was man die äußerste Grenzlinie nennen könnte. Aber es gibt keine Grenzlinie. Das ist das Unvorstellbare. Es gibt nur unzählige Mittelpunkte im Innern einer grenzenlosen Sphäre.“ (S. 51 f)

Luise Rinser
(Schriftstellerin)

(In: Kunst des Schattenspiels, Frankfurt am Main 1997)

Alle Menschen werden
als Original
geboren

Alle Menschen

werden als Original geboren,

die meisten aber sterben als Kopie.

Wer als Kopie stirbt, war eine Fälschung seiner selbst.

Und auf dem Sterbebett

wird er es bereuen,

dass er das Original,

das er ist, nicht gelebt

hat in seiner Lebensfrist.

Am Ende?

Am Ende

bleibt Dir nicht erspart:

Die Wende wirrer Lebensart

im aufklarenden Liebeslicht,

in dessen sanfter Gegenwart

Dir alles Brechende

zerbricht?

Auf die Sicht kommt es an!

Aus der Sicht der Blüte
ist Verblüh`n ihr
Tod.

Aus der Sicht des Baumes
ist Verblüh`n der notwen-
dige Übergang ins
Fruchten.

Aus der Sicht der Erntenden
ist die Blüte neu erblüht
in den leuchtend
reifen Früch-
ten.

**Auf
ihrem Weg zur
reifen
Frucht!**

Die
Knospe stirbt!
Es aufersteht die Blüte!

Und es verdirbt und es vergeht
das Knospende! Es ist vollbracht!
Die Knospe sinkt in Todesnacht!

Und es erklingt das Blühende!
Bis auch die Blüte stirbt mit Wucht
auf ihrem Weg zur reifen Frucht!

Dein Erwachen?

Dein
Erwachen
willst   Du
machen?

Alles Üben
wird es trüben,
WAS DU BIST.

Und die Schonfrist,
DAS zu SEHEN,
wird vergehen.

Erst
im Sterben,
nach Verübtem
und Betrübtem,
wirst Du`s
erben:

Im
Erwachen,
frei   von Frist,
frei vom Machen
WAS DU BIST!

Ach, was wirst
Du heftig
lachen!

Der
alte Kämpfer
liegt im Sterben

Der alte Kämpfer liegt im Sterben.
Noch ringt er mit dem Todesstoß.
Verweigert sich, schon waffenlos,
dem Auszug aus des Kampfes
Scherben.

Die Sterbenden

Die Sterbenden,
sie mahnen uns,
mit ihnen zu
erwachen
aus
un-
serer
Zeitge-
bundenheit.

Die
-Eine-
Klarheit

Und stirbt,
wenn auch zu jung,
und will es nicht gewahren
und faselt noch im Schmerz
von einer fernen Heilung.
Und hört nicht auf
zu hoffen
und schmiedet Pläne noch und noch. Wann endlich wird er offen
für das, was ihn im Sterben einholt und ihn aus lebenslangen
Deutefolien, in denen es nur Arbeit gab und Sieg,
ent-wickelt wie ein Neugeborenes
und ihm die Klarheit
für sein Leben
schenkt,
wenn auch
erst   jetzt,
im Untergang
des Sterblichen:
Die - Eine - Klarheit,
in der er, tief getröstet,
dem Sterben sich ergeben kann.

Durchlebt!

Durchlebt:
Das traurige Event!
Was war, ist mir allein präsent
als das G e W E S E N e, was IST,
nicht als vergangenes Geschehen
in der geschenkten Lebensfrist
mit ihrem endlichen
Vergehen.

Das, was
gewesen IST, es bleibt
in aller Sterbensbitterkeit.
Und sein Gedenken, es vertreibt
all` das Misslungene in der Zeit
und lässt Geklungenes erstrahlen
trotz all` der bitteren Lebensqualen.

Ein Besuch bei einem Sterbenden

Und

durchlösend umschart

Dich die EINE-GEGENWART.

Aus Deinen Blicken fließt

ein Erquicken,

sanftes Durchschauen, das alles Grauen im Augenblick bannt.

Dir helfen wollt` ich, doch heilsam warst Du.

Hast mich getröstet, der Du geröstet

wirst hin zum all-lichteren

Land.

Wollte mich

schenken und ging

S E L B S T - beschenkt

von dannen mit Dir und Mir.

Ein Jahr vor Deinem Tod

Ein

Jahr vor Deinem Tod

entstand der Schnappschuss.

Mit banger

Frage

schaust Du

in die Ferne.

Dein Blick scheint mir zu sagen: Ach, ich lerne

den dornig bitteren Aufstieg hin zum Absch(l)uß

des Lebens, das sich mir, aus welchen Gründen,

durch Krankheit aufgezehrt, schon bald entzieht.

Was werde ich in   meinem Tod wohl   finden?

Vielleicht das NUN, das mir schon immer blüht?

Eingeborene Lichtgestalt

Vor einer Weile träumte mir
von unserer aller Lebenssinn.
Und ich genoss das Traumplaisir
als ungeahnten Hauptgewinn:

Ein jeder kam aus Allem-Licht
als lichtgeformter Pflasterstein.
So schaute ich das Traumgesicht
im unerschöpften Bilderhain.

Die Steine formten eine Bahn,
die aus dem Licht ins Dunkel führte.
Und dort erlagen sie dem Wahn,
nur Stein zu sein, der Wege zierte.

Doch schaute ich den Rückweg auch
vom Dunkel in erneutes Licht,
heraus aus finsterem Gekrauch,
wenn Hartes und Ergrautes bricht.

Die Steine lichteten sich neu,
entdeckten ihren Wesenshalt
im transparenten Lichtgebräu
als eingeborene Lichtgestalt.

(Weitere Träume zur Thematik in:
„Lasse Los: Im Staunen bin ich freigesetzt"
Gedichte, Lieder, Texte, 2016 - BoD, Norderstedt)

Eins ist sicher!

E
ins
i s t
sicher!
Ich werd`
sterben! Nur
der Tag ist unge-
wiss! Und der Vorlauf!
Ein Verderben oder auch
ein jäher Riss? Eins ist sicher!
Ich verlasse mich als jenen, den
Ihr kennt, noch vertraut beim Namen
nennt, bittet Euch mein Tod zur Kasse!
Eins ist sicher! Bin ich nicht mehr,
B I N I C H ? Wie der Tropfen
nach dem Aufprall auf dem Meer
als des Wassertropfens
Heimkehr?

Erwachen?

Es
stirbt die
Illusion, dass
man beim
Sterben
stirbt!?

(frei nach Karl Renz,
Advaitalehrer)

Es ist der Lauf der Dinge!

Es ist der Lauf der Dinge
für uns, die Sterblichen!
Wir enden im Gewringe
des stur Verderblichen.

Wozu uns noch bemühen,
um länger zu erblühen,
als es uns zugedacht?

Wenn alles nun verweht
blüht uns allein die Nacht.
Ob sie uns auch vergeht?
Ob es uns aufersteht?

Wer ist bloß so vermessen,
es absichernd zu wissen?

Es trifft auf jedes Sterben zu

Es reicht nicht aus, den Untergang,
den wir durchleben, zu verwalten.
Wir müssen ihn als Übergang
begreifen und gestalten.

Es trifft auf jedes Sterben zu,
das wir durchleiden müssen.
Und wer sich stellt
begreift im NU:

Du wirst herausgerissen
aus selbstverdrehten Krümmungen.
Es kehrt sich um Dein Lebensziel.
Vorbei ist bald zu leichtes Spiel.

Ein
neues Lied
wird Dir gesungen.
Es ist ur-eigner Innenklang
im äußeren Zusammenhang.

Halte inne, kehre heim!

Halte inne, kehre heim,
hin zu ursprungsoffener
Gegenwart, weg vom SchLeim
zeitverhaftet Hoffender.

Denn das Ende aller Zeit
ist im Tod die Vernichtung.
Wer ist dazu schon bereit
in nur zeitverklebter Sichtung?

Kehrst Du heim ins Jetztseitige,
in die volle Gegenwart,
bleibt der Bruch Dir nicht erspart,
stirbt das Anderweitige,
ach so Wichtig-Nichtige.

Und Du schaust das Richtige
und erstehst zum LEBEN.

Ich will MEIN-EIGEN sein!

„Ich will MEIN-EIGEN sein!"
rief sie In-Einem fort
in der Verwirrung nach dem Sturz.
Es war ihr letztes Wort -
im Sterben schon - gefordert, kurz
bevor sie endgültig entschwand
und - hoffen wir - Ihr-Eigen fand
in jener Ur-Vereinigung
im Jetztseits von Raum-Zeitigung.

Im Sterben

Erst als sie stirbt,
versteht sie ganz,
was L E B E N ist
im eig`nen Leben.

Und lässt es ein
und lebt es aus,
wenn auch nur
noch ganz
kurz.

Ist
heut`
vielleicht
mein letzter Tag?

Ist heut` vielleicht mein letzter Tag,
bevor ich morgen sterbe?
Im Traum* wurd` es mir angesagt,
dass ich MICH neu erwerbe

im Tod als einem Übergang
in eine offene WIRKLICHKEIT,
von allem Raum- und Zeitenzwang
und allem Trennenden befreit.

Doch ich will eigentlich noch leben,
wenn auch in nur begrenzter Zeit,
mich meinem Schicksal erst ergeben,
wenn mich der Tod endgültig freit.

Muttersterben

Seine Mutter liegt im Sterben!
Mit ihr stirbt ihm, was als Erben
sie ihm auf-ge-bür-det hat
an verkühltem Seelenpatt.

Fröstelnde Gespaltenheit,
einerseits in Munterkeit
kompensierend vorgeführt,
andererseits Un-nah-bar-keit,
die ihm oft das Herz gesch(n)ürt.

Seine Mutter liegt im Sterben.
Mit ihr stirbt, was sterben muss.
Trotzdem bleibt sie seine Mutter!
Er s(p)endet ihr den Abschiedskuß.

Präsent sein
für
einen
Sterbenden

Einem Sterbenden
ein Präsent machen?
Sei einfach präsent,
so bist Du ihm
ein Präsent!

Schicksal eines Besserwissers

Deine
Dummheit
war, zu glauben,
dass Du alles besser weißt.
Sie nur konnte Dir erlauben,
was Dich nunmehr niederreißt.

In Missachtung jener Zeichen
bei dem kleinen Schlaganfall
spieltest Du den Schicksalsball,
stelltest Dir die Unheilsweichen.

Deine Arroganz, zu glauben,
Du nur wüsstest alles besser,
drehte an den Schicksalsschrauben
und lieferte Dich jetzt ans Messer.

Sterbekur

Das
Abgelebte
bricht und
stirbt.
Im Sterben wehrt es sich und wirbt
um eine noch gestundete,
längst ausgelebt
erkundete
Vergehensfrist
als Bremsfigur be-
schleunigender Sterbekur.

Solch` ein Pech!

Wem sich das Glück nicht zugesellt,
weil er durch`s Leben traumwandelt,
bis JENES heilsam an ihm handelt,
ihn stoppt, indem ES Beinchen
stellt,

sein
Traumgewan-
del ihm verschandelt,
so dass er auf die Nase fällt
und dort in Schmerzen und in Pein
erwacht ins LEBENSOFFENE SEIN:

Wer solch` ein Glück in der Gestalt
nicht auch erhält, wird ohne alt.
Vielleicht erwacht er kurz vor`m Tod
im Abgrund seiner Sterbensnot.

Dann ist es, das sei zugegeben,
zu spät für ein erwachtes Leben.
Es hat zum Glück, ich klopf` auf Blech,
nur selten jemand solch` ein Pech!

Sterben?

Kann es denn sein, dass sie bald stirbt?
Denn sie erstrahlt von Zeit zu Zeit
in mir. Ihr lichtes Lächeln wirbt
für eine andere Seligkeit.

Sie nähert sich, wie selten nur,
vom Neblig-Trüben längst befreit.
Ihr Inbild leuchtet zeitlos pur,
als käm` es aus der Ewigkeit.

Und sie erteilt mir ihren Segen
in liebender Verbundenheit,
die uns heraushebt aus
der Zeit und einigt
auf getrennten
Wegen.

Kann
es denn
sein, dass
ich bald
sterbe?
Denn
sie
er-
strahlt
auch weiter-
hin! Kann es denn
sein, dass ich ererbe, was
sie mich lehrt als Hauptgewinn?

Sterben!

Er ließ sich fallen durch die Angst
der Endlichkeit vor seinem
endgültigen Ende.

Und als er
durchgefallen war,
fand er sich wieder in der
ewigen Präsenz im Endlichen.

Sterbenskehre?

Die
Kehre in
Verelendung
hin zur
Ver-
Edelung
beim Sterben?

Tod

Tod heißt:

Auf-Hören!

Also sterbe jetzt!

Höre auf!

Tragische Gewissheit

Die
Tragik,
sie zerstört Dir wohl
all`
Deine
Sicherheit.

Es leuchtet Dir in jenem Bruch
vielleicht noch die Gewissheit,
dass Du auch durch die Tragik
hindurch getragen wirst.

Traum vom Sterben

Heut` Nacht erträumte ich mein Sterben.
Das Lebenslicht erlosch: Ich starb.

Und langsam schwand ich, ließ die Erben
zurück. Und mich umwarb
ersehntes Wissen um (m)ein Ende
in allem weltlichen Gehege
und um die endgültige Wende
ins Jetztseits ohne Einzel-Wege.

Und es erfüllte mich mit Dank
und nie gekannter Seligkeit.

Die Welt gewann ein lichtes Kleid.
Das Leid, das Grauen, es versank!

o o o o

**Es ist, als ob die Blende bricht!
Am Ende sind wir alle licht!**

Und wieder nur sich selber sieht!

Solang` wie
möglich nur erspart
er sich die volle Gegenwart
und dämmert dahin im Derben
und lichtet sich erst im Sterben.

Wenn nun die Eine-Gegenwart ihn
um-und-um-wälzt und durchgart,
erst dann erschaut er LEBEN
und was er hätte geben und
auch empfangen können!

Da hilft ihm auch
kein Flennen: Die
Chance ist vertan!

Es kommt nun darauf
an, dass er im Übergange
standhält und nicht bange
in neue Illusionen flieht und
wieder nur sich selber sieht.

Verpasst

Es tat ihr leid, bevor sie starb,
was sie im Leben sich verdarb,
als sie im Rückblick es durchschritt
und vol-ler Reu-e es durch-litt.

In dem, was sie sich selbst verpasst
im Ringen um Ihr-Mehr-und-Mehr
hat sie im Leben viel verpasst.
Sie stellte sich oft trotzig quer!

Geriet mit manchen in den Streit,
war sel-ten kom-pro-miß-be-reit,
hat anderen manches Leid verpasst
und wurde deshalb auch gehasst.

Sie hat`s im Rückblick nicht gescheut,
es selbst erleidend tief bereut.

Vom Tropfen

Und wenn der Tropfen aus der Welle fällt,
wird er geboren in eine neue Welt von
ungezählten Tropfen, die ihn bedrängen,
die sich mit ihm vermengen wollen, und die
begehren, auf seine Kosten von ihm zu zehren.

Und um sein Leben kämpft er an
gegen alle, schleudert verwegen
ihnen sein hartes Nein entgegen,
den Mit-Getropften, der ganzen
Gischt, den Wellen und dem Ozean.

Doch lange währt sein Kreisen nicht,
schon naht ihm seine Landung, sein Streiten,
es zerbricht im Aufprall auf den Ozean,
in neuer Wandlung, im Untergang
der flüchtigen Tropfen-Existenz.

Wird ihm sein Nein verblassen?
Wird er sich sterben lassen?
Ins große JA im Übergang?
Und auferstehen als Ozean
im Miteinander-Wasserreich?

(Weitere Gleichnisgedichte in:
„Lasse Los: Worum geht es eigentlich?"
Gleichnisgedichte, 2020 - BoD, Norderstedt)

Warum nicht schon im Leben?

Im Sterben
werde ich wohl einst
allem Entarten entraten.
Warum nicht schon im Leben?

Im Sterben werde ich wohl einst
von den zu engen lebenslangen
Deute - Folien entsorgt werden.
Warum nicht schon im Leben?

Im Sterben werde ich wohl einst
im maß-be-frei-ten Gegenlicht
mit neuem Licht belichtet sein.
Warum nicht schon im Leben?

Wer Du
im Ursprung immer bist

Wenn Du nicht weißt, wer DU schon BIST,
und Du erstrebst Dich als Gewinn
im selbstgedrehten Eigensinn,
dann schürst Du mit im
Lebenszwist
und
endest auch,
wenn Du gewinnst,
als Dein Verlierer im Gespinst
des doch vergeblich
Angestrebten.
Und
wenn Du
dann Im-So-Durchlebten
gescheitert bist, es Dich zerfrisst,
und Du vergehst in Deinem Sterben,
wirst Du vielleicht im Nu ererben,
wer Du im URSPRUNG immer bist,
wer Du im SEIN schon immer bist,
wer Du in BRAHMAN immer bist,
wer Du in GOTT schon immer bist,
wer Du in ALLAH immer bist,
wer Du in ALLEM immer bist.

Zutritt
erlaubt für Bewusste!

„Für Unbefugte Zutritt verboten!" steht
auf dem Torschild am sumpfigen Gelände.
„Für Unbewusste Zutritt verboten!" les`
ich und lache. Und klatsche in die Hände.

Das Unbefugte soll ich nicht betreten!
Bin ich im Unbewussten auch nicht erbeten?
Die nützlichen Verbote werd` ich halten,
die anderen übergehen und mich entfalten.

Denn auch das Ganze will ich erkunden,
bewusst das Unterbewusste umrunden.
Auch Überbewusstes soll mir munden,
soweit ich ihm schon jetzt+hier verbunden.

So werde ich am Ende meiner Stunden,
wenn Endlichkeit in Raum und Zeit zerschunden,
in das eingehen, was JETZTSEITS ich gefunden.

Aufgegeben

Im Ort als Feriengast hab` ich gehört,
das Leben habe Dich enorm verstört.
Als Ausweg hast Du Dir den Strick genommen
und bist dabei erfolgreich umgekommen.

Ach, wär` der Strick doch vor der Zeit gerissen!
Du lebtest noch! Es ging Dir zwar beschissen,
Du hättest aber noch die Möglichkeit,
das Lösende zu finden in der Zeit.

Ob Dich Dein Freitod befreite von den Sorgen
und Nöten, ist uns keineswegs gewiss.
Doch lastet er auf Deiner Kinder Morgen!
Ob Deiner Frau je heilt der Herzensriss?

Der Sinn des Lebens ist: Es jetzt zu leben
auf off `ner Bahn um die Ellipsen-Achsen.
Wer es nur lebt nach seinen Ego-Faxen,
den wird es in Verstrickungen verweben.

Bis er versteht:
Es ist ihm aufgegeben,
es auf dem Herzensweg vertieft zu leben,
und es - im Düsteren - nicht einfach aufzugeben.

(Für Frau Wendler und alle Trauernden
im Gedenken an ihren Schwager Armin)

Das
Zeitliche
hat Dich gesegnet?

„Das Zeitliche hat Dich gesegnet!"
Das klingt so tröstlich, voll Vertrauen!

Im Klartext aber wird ent-geg-net:
„Du bist gestorben!" Welch` ein Grauen!

Wie passt das denn bloß zu dem Segen?
Ich stehe im Ver-ständ-nis-re-gen!

Schon wieder bin ich ihm
begegnet, dem Paradox!

Deklination des Todes

Der
TOD des Todes!
Dem Tode
den
TOD!

Der Tod?

Ist der Tod,
der Aller-furcht-barste
der aller Furcht
barste?

Der Tod der Faust

Die Faust als die bewehrte
Präsenz geschlossener Hand.

Der Tod der Faust als die
bewaehrte   Präsenz
der offenen
Hand.

Einäugige Mode

Noch hast Du Zeit, Dich umzudrehen,
um augenblicklich einzusehen:

Für Deine einäugige Sicht der
Wirklichkeit brauchst Du Dir
nicht ein Auge wegzuoperier`n.

Du bist doch fähig, es zu schließen,
um einäugig nur hin zu stier`n,
die Welt als flächig zu genießen,
solange es noch Mode bleibt,
bis solche Sicht der Tod ent-
leibt, um alle Augen
uns zu öffnen.

Entbunden im Tod

Entbunden in Härte

Gebunden

Gehärtet

Entbunden

von Härte im Tod.

Ent-Hüllung?

Fallen im
T o d e
die Hüllen der
zeitbekleideten Präsenz?

Geht uns
der Tod nichts an?

Geht uns der Tod nichts an?
Ist er nicht da, solang` wir existieren?
Und ist er da, so existieren wir nicht mehr?

Anfrage an Lukrez, der behauptete:
Der Tod geht uns nichts an!
Solang` wir existieren,
ist er nicht da!
Und ist er da,
so existieren
wir nicht
mehr!

Im Tode?

Zerbricht im Tode die
Gebrochenheit des Daseins?
Und das Prismatische erscheint
sich selber transparent, jetzt-
seits im Licht mit aller Ernte
erstrittenen Durchganges
durch die erlittenen
Brechungen?

Jetztseits leer gestillt?

Normal-Otto ist ein Gemisch,
halb Tier, halb Mensch, Zentaur.
Er glaubt an das Normalgezisch
von un-sterb-li-cher Dau-er.

Und scheitert er, Unsterblichkeit
mit seinem Werke zu erringen,
ist er im Sterben noch bereit,
sich to-des-mu-tig zu verdingen:

Im Glauben an die Selbsterhaltung
in einem jenseitigen Leben nach
aller tödlichen Zerspaltung.

Er ist noch
ganz der Zeit ergeben.
Zeigt sie im Tod ihr Angesicht
als jetztseits leer gestilltes Licht?

TOD?

WENDE!?

Mein Tod?

Das
Prisma bricht?

Und es erlischt
das zeitverhaftet
Farbenfrohe?

Und
unvermischt
bin ich im Licht,
im zeitentlass`nen
Farbenfreien?

Nimm Dir Dein Leben!

Nimm Dir
Dein   Leben
als auf-ge-geben!

Und widme Deine Gaben
den aufgegebenen Aufgaben.

Und musst Du auch `mal aufgeben,
nimm in die Hand Dein Leben,
doch lege niemals Hand an!

Nichts und ALLES

Text+Musik
Lasse Los

1. Es bleibt uns nichts, den AL-LES ist uns im-mer schon ge-ge-ben. Im Tod ver-las-sen wir die Frist, die wir ver-braucht im Le-ben. Refr.:Es bleibt uns nichts, den AL-LES ist uns im-mer schon ge-ge-ben. Es bleibt uns nichts, denn AL-LES ist uns im-mer schon ge-ge-ben. Es

Nichts und ALLES

Refr.: Es bleibt uns nichts,
denn ALLES ist
uns immer schon
gegeben.

1. Es bleibt und nichts, denn ALLES ist
uns immer schon gegeben.
Im Tod verlassen wir die Frist,
die wir verbraucht im Leben.

2. Der Raum zerfällt, die Zeit zerschellt,
Du wirst von Dir entlassen.
Es hilft nicht-Haften an der Welt,
nicht-Streben und nicht-Hassen.

3. Auch alle Vorstellung zerlischt
vom Leben nach dem Leben,
egal, womit Du sie vermischt:
Es hilft nicht mehr, daran zu kleben.

4. Es bleibt uns nichts, denn ALLES ist
uns immer schon gegeben.
Im Tod verlassen wir den Zwist
an dem wir jetzt-noch kleben.

*(Weitere Lieder: „**Lasse Los: ...da muss doch noch LEBEN ins Leben rein!**" Liederbuch - 71 Lieder aus drei Jahrzehnten* mit Noten und Akkordsymbolen, 2017 BoD, Norderstedt)

Selige Beschämung?

A m
E n d e :
Der Anfang, der Ursprung,
im
Lichte
s e l i g e r
Beschämung?

Tadellos?

Im
Tod
bin ich
den Tadel los.
Bin ich im Tode tadellos?

Tod heißt

Tod heißt:

Das Prisma stirbt,

doch nicht das Licht.

Die Farben sterben mit.

Das Licht ist jetzt gebündelt,

un-ge-bro-chen ganz

bei sich.

✝o✝?

im ✝od
der sprung
ins nirgendwo,
ins ur-vertraute
irgendwie
ganz
anders?

Totenall?

Aus
dem Totenall
ins
Total?

Ungewiss

Eines ist gewiss:

Nur der Tod ist sicher!

Alles Leben ungewiss!

Vor aller lichten Wende?

Sie hat ihr Überleben
nicht überleben wollen.
Zu mächtig war das Beben!
Zu heftig wohl ihr Grollen!

Ihr Sterben wollt` sie fliehen,
hat sich dem Tod vermählt,
die Puls-Adern gewählt,
zerstört, was ihr verliehen.

Willst ihren Weg Du meiden,
dann üb` Dich täglich schon
im Durchgang durch Dein Leiden,
auch wenn sich Spott und Hohn
in Dir dagegen regt.

Dein Ego auf dem Thron
ist bald schon widerlegt,
wenn Dich des Sterbens Fron
durch Schattenreiche treibt,
Dir Eisiges verschreibt:

Vor aller lichten Wende
im endgültigen
Ende?

*(Für Ingrid und Hannes, deren Mutter
sich die Pulsadern öffnete und verstarb)*

Zwei Wege
aus dem Zwangsgehege

Wir hingen beide schon am Seil!
Gestrebe schnürte uns die Kehle!
Der Weg zum Gipfel, karg und steil,
versprach nur Mühsal ohne Seele.

Du hast Dich von der Last befreit,
Dir seilgeraecht die Luft genommen.
Ich bin durch Widerstand und Streit
aus Todesgrüften freigekommen.

Warst Du dem Spiel nicht mehr gewogen,
als es an Schwierigkeit gewann?
Ich hab` gekämpft, bin rausgeflogen,
bin ungebeugt ein freier Mann.

Nun bist Du tot, ich arbeitslos!
Wir sagten „Nein!" zum Zwangsgehege.
Wir suchten lichte Lebenswege.

Ein jeder ruht in and`rem Schoss.
Ich werde bald schon neu geboren:
Wozu bist Du jetzt auserkoren?

UND NUN? - LEBEN nach dem Tod?

Für die Hinterbliebenen

Die Toten
sind nicht tot,
sie waren nicht, sie sind

Für den, der mit dem Tode so vertraut ist wie ich, sind die Toten nicht tot, sie waren nicht, sie sind. Ich weise nichts mehr von mir, als wenn man von unseren Toten in der Vergangenheit spricht. Es gibt ein Perfektum der Liebe, das ein ewiges Präsens ist. Mein Sohn ist nun 11 Jahre tot, aber er ist in einem noch tieferen Sinne für mich lebendig, als er es zu seinen »Lebzeiten« war. [...] Ich wage von mir zu sprechen, weil ich weiß, dass Ihnen die Gattin so wenig sterben kann wie mir der Sohn. [...]
Ihr getreuer Freund

Ludwig Binswanger

(Aus: Brief [22.09.1940] von Ludwig Binswanger, Mitbegründer der Daseinsanalyse, an Leopold Ziegler, Religionsphilosoph, zum Krebstod von dessen Gattin Johanna Ziegler am 14.09.40 – zit. in: Ziegler, Leopold - Briefe 1901 – 1958, München 1963, S. 204)

Viele schöne und liebreiche Briefe haben mich in diesen Tagen erreicht, aber der Ihrige ist der einzig wissende, da Sie nun seit länger als einem Jahrzehnt selber mit einem geliebten Toten leben. Diese letzte Gemeinsamkeit .... wird uns künftig noch inniger verbinden: wir beide sind durch den Tod geschritten und haben die Unsterblichkeit des »Bin« und »Ist« erfahren.

Leopold Ziegler

(Aus: Antwortbrief von Leopold Ziegler Ende September 1940
In: Ziegler, Leopold - Briefe 1901 -1958, München 1963, S. 205)

Angewi^ldert

Witwen seid Ihr, und kein Freiwild!
Trauer braucht geraume Zeit und
in ihr ein Abwehrschild
wider alle Eilig-
keit.

Erst
der UR-Klang
aus dem I N B I L D
heilt Euch die Zerrissenheit.
Und erst dann seid Ihr gestillt
und zu N e u e m-S e i n bereit.

Was Euch nun noch blühen kann
als Auferstehung vor dem Tode
ist vielleicht ein neuer Mann.

*(Für alle Witwen, die vor dem Ende
ihrer Trauerzeit von Männern
bedrängt und umstrickt
werden!)*

Dein Tod

Dein

Tod lässt

mich jetzt innehalten!

Mir wird gewahr: Ich lebe noch!

Ich kann so vieles mitgestalten,

wenn auch bedingt

durch

jenes Joch,

dem alles Leben unterliegt

in seinem bunten Zeitenkleid

und seiner strikten Endlichkeit.

Im Angesicht des Todes wiegt

es schwerer als es sonst erscheint.

Ein tiefer Trost - trotz alledem

An seinem offenen Grabe sang
ein Vogel aus der Fichtenkrone.
Sein jubelnd-froher Zwitscherklang
erscholl in manchem Jubeltone.

Und mit dem Priester rang er dann
um seinen Trost in tiefster Trauer.
Gewann für mich im Jubelschauer
den Wettstreit mit dem Gottesmann.

Er sang von einem Größ`ren LEBEN
trotz Not und Tod und aller Pein.
Ich lauschte ihm ganz hingegeben
und ließ den Priester Priester sein.

Mich tröstete das Jubilieren
mehr als des Priesters Litanei.
Sein wohl-gewählter Worte-Brei
konnt` mich nicht in die Tiefe führen,
in die des Vogels Lobgesang
mit seinem Lebensjubel drang
und seinen Trost mir spendete,
der meine Trauer wendete
ins tiefgefühlte Urver✝rauen
zum LEBEN im Leben
tro✝z alledem.

(Ein Zenmeister erhob sich einmal
vor seinen Schülern und schickte sich an, eine
Predigt zu halten. Und als er eben seinen Mund öffnen
wollte, sang ein Vogel. Und er sagte: „Die Predigt ist gehalten."

In:
Joseph Campbell: Die Kraft der Mythen, Zürich-München 1994, S.34)

Ein-Bruch der Dunkelheit

Und als Dein Mann tödlich verunglückt:
E i n b r u c h   d e r   D u n k e l h e i t !

Und als die Mutter krank entschläft:
E i n b r u c h   d e r   D u n k e l h e i t !

Und als Dein Sohn, Dein Ältester,
nach langer Qual dem Krebs-
leiden doch sterbend erliegt:
E i n b r u c h   d e r
D u n k e l h e i t !

Wann endlich
kommt
für
Dich:

E i n
B r u c h
d e r   D u n k e l h e i t !

Erst nach seinem Tode

Aneinander gekettet,
voneinander getrennt,
lebten sie in ihrer Ehe,
bis er plötzlich verstarb.

Und im Tränen-Trauer-Tal
kam er ihr unendlich nahe.

Und so lebte sie mit ihm
- erst nach seinem Tode -
im präsenten Miteinander.

Es-ist-immer-Gegenwart

Kaum hast Du endlich ihn gefunden,
musst Du ihn schon wieder lassen.
Du durchlebst jetzt wunde Stunden.
Sein jäher Tod ist nicht zu fassen.

Doch es bleibt, was Euch verbunden.
Und es wächst noch mit der Zeit,
auch wenn Du jetzt arg geschunden
von der Trauer und dem Leid.

Denn was war, kann keiner rauben,
wenn der Tod uns auch verscharrt.
Es-ist-immer-Gegenwart!
Und es hilft, daran zu glauben,
leidgeschüttelt zu vertrauen:

Das, was Euch-mit-Euch begegnet
hat für immer Euch gesegnet!

Darauf kannst Du weiterbauen.

(Für Paula, zum Tode ihres
nach 42 Jahren wieder-
gefundenen Vaters)

Im Angesicht des Todes

Im Angesicht des Todes streikt
das Wort, das häufig trösten kann.
Was sonst in Nöten hilft: Es schweigt!
Im Grab liegt Dein geliebter Mann!

In trauerschweren Tränenschauern
lässt Dich vielleicht Dein Seelenleid
ein wenig atmen in den Mauern
erlittener Vergänglichkeit.

Vielleicht hilft auch der Blick zurück
in das, was lange Euch umfangen:
In das geschenkte Lebensglück
mit ihm, der jetzt vorausgegangen.

Was wir durchliebten, bleibt erhalten,
beendet auch der Tod die Zeit,
in der wir liebend uns entfalten.
Denn Liebe IST schon Ewigkeit!

Im Angesicht des Todes streikt
das Wort, das häufig trösten kann.
Was sonst in Nöten hilft: Es schweigt?
In Liebe ruht Dein Ehemann!

*(Du-Fassung für die Ehefrau
des toten Ehemannes)*

Im Angesicht des Todes

Im Angesicht des Todes streikt
manch` Trostwort als zu schwach und lau.
Was sonst in Nöten hilft: Es schweigt!
Im Grab liegt die geliebte Frau!

In trauerschweren Tränenschauern
lässt Dich vielleicht Dein Seelenleid
ein wenig atmen in den Mauern
erlittener Vergänglichkeit.

Vielleicht hilft auch der Blick zurück
in das, was lange Euch umfangen:
In das geschenkte Lebensglück
mit ihr, die jetzt vorausgegangen.

Was wir durchliebten, bleibt erhalten,
beendet auch der Tod die Zeit,
in der wir liebend uns entfalten.
Denn Liebe IST schon Ewigkeit!

Im Angesicht des Todes streikt
manch` Trostwort als zu schwach und lau.
Was sonst in Nöten hilft: Es schweigt?
In Liebe ruht die Ehefrau!

*(Du-Fassung für den Ehemann
der toten Ehefrau)*

Im Angesicht des Todes

Im Angesicht des Todes streikt
das Wort, das oft in Trost einspinnt.
Was sonst in Nöten hilft: Es schweigt!
Im Grab liegt Euer geliebtes Kind!

In trauerschweren Tränenschauern
lässt Euch vielleicht das Seelenleid
ein wenig atmen in den Mauern
erlittener Vergänglichkeit.

Vielleicht hilft auch der Blick zurück
in das, was lange Euch umfangen:
In das geschenkte Lebensglück
mit ihr, die jetzt vorausgegangen.

Was wir durchliebten, bleibt erhalten,
beendet auch der Tod die Zeit,
in der wir liebend uns entfalten.
Denn Liebe IST schon Ewigkeit!

Im Angesicht des Todes streikt
das Wort, das häufig Trost uns spinnt.
Was sonst in Nöten hilft: Es schweigt?
In Liebe ruht Euer totes Kind!

(Ihr-Fassung für die Eltern
eines toten Kindes)

In-Mir - Mit-Dir - Ohne-Dich

gespalten hat dein tod den grund

                In-Mir

das ein-ende ist fortgegangen

                Mit-Dir

im tristen trauerrund
bin ich lebendig   **Ohne-Dich**
gefangen

noch hoff` ich auf die wiederkehr

                Von-Dir

und weiß du wirst nicht wiederkommen

                Zu-Mir

und sehn` mich doch so sehr
nach allem hier was mir   **Mit-Dir**
genommen

die schwerste Trauer muss ich tragen

                Ohne-Dich

sie kommt urplötzlich

                Über-Mich

es würgen mich die Fragen
warum   warum   klagt es   **In-Mir**
vergeblich ! ?

Im Tod wird Liebe offenbar

Ich hab` Euch beide nicht gekannt,
weiß nur, dass Ihr verunglückt seid,
zu früh gestorben - vor der Zeit -
so wie es in der Zeitung stand.

Ich komme öfters hier vorbei,
wo Euch so schnell der Tod ereilt,
verweile, denke an Euch zwei,
die Ihr das gleiche Los geteilt.

Zwei Engel seid Ihr, steht geschrieben
auf einer Tafel zum Gedenken.
Der Tod kann allen, die Euch lieben
die Liebe zu Euch nicht ertränken.

Im Gegenteil, jetzt leuchtet klar,
was sich im Leben oft vernebelt,
hat uns der Alltagstrott geknebelt:

Im T O D wird L I E B E offenbar!

Sie kann den Tod noch überwinden
und eine neue Heimat finden
im Herzen aller Liebenden.

(Zum Gedenken an Hatice und Fatima, die
mit dem Auto tödlich verunglückten)

Mit ihrem Tod
fiel auch ihr
Schatten

Mit ihrem Tod
erlosch ihr Schatten,
der oft auf ihre Tochter fiel
und deren angetrauten Gatten
in dem subtilen Rollenspiel
um Dominanz durch Helfersucht,
die Herrschaft über`s Helfen sucht.

Befreit aus der Ma-tro-nen-bucht,
fragt sich jetzt, was die Tochter bucht?

Erneuten Platz im Schat-ten-reich
so wie bisher dem Schatten gleich?
Oder sich, jetzt runderneuernd,
sonnen$_{pf}$lichtig anheuernd?

Plötzlich bricht die Schwärze ein!

Plötzlich bricht die Schwärze ein
und verdunkelt Dir Dein Leben.
Es erlischt, was Dir nur Schein.
Grauen lässt Dich beben.

Plötzlich bricht die Stärke ein
und es munkelt Dir im Leiden:
Auch die Schwärze ist nur Schein,
Lichtendes zu meiden.

Plötzlich bricht die Schwärze ein!
Und es funkelt durch Dein Leben:
Stiller Liebe lichtes Sein
wird Dich nun erheben.

Rainer

Rainer ist
jetzt reiner da,
als vor seinem jähen Tod.

Denn nach manchem Trauerjahr
und manch` tiefer Trauernot
spüre ich es oft ganz klar:

Rainer ist jetzt reiner da
als vor seinem
jähen Tod.

Seit einem Jahr

Nun bist Du tot - seit einem Jahr.
Wie schnell ist doch die Zeit verronnen!
Wenn ich Dein Bild in mir gewahr`,
seh` ich Dich in dem Lichte sonnen,

das wir so selten nur erschau`n,
wenn wir trotz aller unserer Leiden
im tragik - tragenden Vertrau`n
uns ohne Wenn ✽ Aber weiden.

Du bist nun tot, seit einem Jahr.
Ich halte inne.   Im Gedenken
umkreise ich, was offenbar
ganz leise sucht, sich einzusenken:

„Du bist nicht tot!"
Seit einem Jahr
reichst DU-DICH
zeitbefreit U N S dar.

Trauerarbeit

Sieh doch, die Nacht ist fortgeschritten,
es naht schon bald ein Morgengrauen.
In Schwermut hast Du arg gelitten,
in hoffnungslosen Todes - Auen.
Fass Dich in Mut und in Vertrauen,
auch gegen manchen Augenschein.
Im Morgenlichte wird das tauen,
was Dich vereist in Mark und Bein.

Du wirst jetzt wie ein Stein behauen,
um Dein Ur-Eigenes zu ergründen.
So manchen Schlag musst Du verdauen,
um aufgeklart Dich einzufinden.
Doch Weigerung wird Dir verbauen,
was Dir das Weitergehen schenkt.
Sie hält Dich fest in ihren Klauen,
Du wirst von ihr in Angst
versenkt.

Drum
höre auf,
Dich einzumauern
in Deine dumpfe Traurigkeit.
Es hilft Dir nicht, Dich zu bedauern,
es hemmt Dir nur die Trauerarbeit.

Ergreife nun das Morgengrauen,
das sich kaum merklich Dir schon zeigt.
Der Sonnenaufgang wird Dich trauen
MIT - DEM, was Qualen übersteigt.
Dann wirst Du neue Hoffnung schauen
durch manchen Riss der Bleiernheit:
Denn Deine Trauer will Dich brauen
zu edlerer Mensch-Menschlichkeit!

Und aufrichtend in Euer Leben greift

Jetzt kommt die Zeit verhang'ner Augenblicke.

Noch ist SIE da! Und doch schon, ach, so fern.

Wie tief Euch auch die Trauer niederdrücke,

Wie oft Euch auch ein Trauertrost missglücke:

SIE leuchtet Euch still-hell vom inn'ren Stern!

Die Zeit der bleiernen Trauer wird Euch plagen.

Die Welt geht wieder ihren eig'nen Gang.

Nach trauerfeierlichem Abgesang

Versiegen schnell der meisten Tränenklagen.

Ich wünsche Euch, dass Ihr zusammenhaltet,

Gemeinsam durch die Trauertäler streift:

In denen leise ein Ungeahntes reift,

Wenn das Gedenken an SIE sich Euch entfaltet

Und aufrichtend in Euer Leben greift.

(Für die
Angehörigen von Karla,
die mit 37 Jahren an Krebs starb)

Was je schon trägt - auch unbeseh`n

Dein allzu früher Tod hat mich getroffen!

Die Welt verstummt. Es rührt sich nichts vom Fleck.

Noch eben war für uns so vieles offen.

Jetzt strömt nur Grauen

durch`s  neu geschlag`ne Leck.

Und ich erwache aus meiner Totenstarre,

erweine mir DAS-LEBEN in den Leib -

und bin Dir näher als manchesmal, verharre

im Seltenen und wünsch` so sehr:

Ach, bleib!

Doch unsere Zeiten, die durchlebten, sind beendet!

Ich trauere bewusst, um zu versteh`n,

wie sich das Leben-in-Not im Tiefsten wendet

zu dem, was je schon trägt

- auch unbeseh`n.

Für die Verschiedenen

Glaubst Du eigentlich an ein Leben nach der Geburt?

„Sag mal, glaubst du eigentlich an ein Leben nach der Geburt?", fragte der eine Zwilling.

„Ja, auf jeden Fall! Hier drinnen wachsen wir und werden stark für das, was draußen kommen wird", antwortete der andere Zwilling.

„Ich glaube, das ist Blödsinn!" sagte der erste. „Es kann kein Leben nach der Geburt geben - wie sollte das denn bitteschön aussehen?"

„So ganz genau weiß ich das auch nicht. Aber es wird sicher viel heller als hier sein. Und vielleicht werden wir herumlaufen und mit dem Mund essen?"

„So einen Unsinn habe ich ja noch nie gehört! Mit dem Mund essen, was für eine verrückte Idee. Es gibt doch die Nabelschnur, die uns ernährt. Und wie willst du herumlaufen? Dafür ist die Nabelschnur viel zu kurz."

„Doch, es geht ganz bestimmt. Es wird eben alles nur ein bisschen anders."

„Du spinnst! Es ist noch nie einer zurückgekommen nach der Geburt. Mit der Geburt ist das Leben zu Ende. Punktum."

„Ich gebe ja zu, dass keiner weiß, wie das Leben nach der Geburt aussehen wird. Aber ich weiß, dass wir dann unsere Mutter sehen werden, und sie wird für uns sorgen."

„Mutter??? Du glaubst doch wohl nicht an eine Mutter? Wo ist sie denn bitte?"

„Na hier - überall um uns herum. Wir sind und leben in ihr und durch sie. Ohne sie könnten wir gar nicht sein!"

„Quatsch! Von einer Mutter habe ich noch nie etwas bemerkt, also gibt es sie auch nicht."

„Doch, manchmal, wenn wir ganz still sind, kannst du sie singen hören. Oder spüren, wenn sie unsere Welt streichelt."

Henri Nouwen

(In: Die Gabe der Vollendung, Herder-Freiburg 1998, S. 36ff)

Da-nach?

Ach,
wenn Du,
des bunten Weltenmantels
entkleidet,
Dir entglitten,
bist Du vielleichter
in Allem Alles liebend?

Das P R Ä S E N Z - Präsent

Die PRÄSENZ ist ein Präsent,
das Du erst entdecken wirst,
wenn Du ablässt von dem
Ewig-Bleiben-
Wollen.

Alles Leben
vor dem LEBEN,
nach dem Tode, kommt
Dir endlich aus der Mode.

Und es findet und entbindet
Dich die eine allumfassende
P R Ä S E N Z
die Dich weitet, aufbereitet
hin zu Dir als lebendem Präsent.

Der Tod,
für Dich vertan

Der Tod, er west in Allem an.
Doch Du gewahrst ihn selten
nur im Nischenraum im Nebenan,
wo Du Dich lebst auf Deiner Spur
im Kreisen auf der Ego-Bahn.

Der Tod, er west in Allem an.
Doch Du verwahrst Dich gegen
ihn im Nischenraum im Nebenan,
in Deiner Sicht verloren nach
Leben, das nie enden kann.

Der Tod, er ist für Dich vertan,
wenn Dir fortan der Nischen-
raum im Nebenan vergangen ist,
in dem Du noch gefangen bist.
Der Tod, er ist für Dich vertan,
wenn Du fortan in Allem
auch anwesend bist.

Die Ewigkeit ererben

Mein Ego, es lebt in der Zeit.
Und es wird in ihr sterben!
Niemals ist es dazu bereit!
Es will die Ewigkeit ererben.

Es missversteht die Ewigkeit.
Das Ewige erscheint ihm jetzt
als eine un-end-li-che Zeit.

Wie sehr wird es in sich verletzt,
begreift es die Unmöglichkeit
der eigenen Unendlichkeit.

Mein Ego, es lebt in der Zeit.
Es wird in ihr bald sterben!
Und ist es dazu schon bereit,
wird es die Ewigkeit ererben.

ICH BIN von-mir-entbunden

Im Präsent(-)sein ist mein Tod
jetzt schon überwunden.
Todesfrei BIN ICH im Lot,
BIN von mir entbunden.

ICH BIN, der ich noch nicht bin,
wenn ich zeitverfangen lebe,
mich im selbstverstrickten Sinn
weiter ungeklärt verwebe.

Im Präsent(-)sein BIN ICH DA,
diesseits aller Diesseitsranken,
jenseits aller Jenseitsschranken.

Im Präsent(-)sein BIN ICH GAR,
all` der Streit ist aus gestritten,
all` mein Leid ist ausgelitten.

Im
M o m e n t
des
Todes?

Ach, uns

wird einst auch ereilen,

was mit Euch geschehen ist.

Ganz egal, wie lang die Zeit,

wir werden Euer Schicksal teilen.

Was geschieht NUN im Moment

unseres Todes?   Abgesang

im Untergang? Vehementer

Übergang in den Aufgang

eines   bisher   selten

nur jäh geahnten

UR-PRÄSEN-

TEN?

Jen-
seits-
Jetztseits-
L E B E N

Was Du Dir auch immer
unter`m Jenseits vorstellst,
das wird es wohl nicht geben.
Es wäre doch wahrscheinlich nur
ersehntes Überleben in Multidimension.

Was Dich erwartet, ist längst schon
im J E T Z T S E I T S mitgegeben.
Du kannst, I M N U, es kennen,
gewahren und erstreben
im jetztseitigen Sterben
hin zum All-Einigen,
zum ganzheitlichen
L E B E N .

LEBEN nach dem Tod?

Wenn jetzt-und-hier das JETZTSEITS

mein LEBEN endlich rundet,

IST es so auch im Jenseits

MEIN LEBEN -

ungestun-

det?

Leben
nach dem
Tod?

Der

Tropfen

fällt ins Meer,

das seiner sich

erbarmt, im Nu ihn

rund umarmt: Und

schon ist er nicht

mehr!

Leben nach dem Tode?

Eine

individuelle

auferstehende Welle

nach dem Tode zu erwerben

wünscht die Welle sich im Sterben.

Sie wird leichenblass und -blasser,

stirbt und wird, was sie schon immer

längst gewesen, nämlich Wasser.

Hat sie niemals einen Schimmer

dieser Wirklichkeit erblickt, noch

bevor der Formen-Dimmer

sie mit ihrem Tod

erquickt?

Nur im Jetztseits

Nur

jetztseits

sind die Toten da.

Sie sind im Immerwährenden.

Nun, jetztseits wird mir licht und klar:

Ich leb` noch im Vergärenden.

Nur jetztseits bin ich auslösbar

aus allem schnell Verjährenden.

Im Jetztseits, das ist offenbar,

begegne ich dem Klärenden,

dem Aufklarung Gewährenden.

Ober-Ton-Gleichnis

Du

bist aus Ton

und bist doch auch

ein Eigenton im Erdenton,

durch-tö-nend in tönerner Gestalt.

Wirst Du Dich singen, wird Dir manch`

Oberton erklingen. Wenn dann der Tod

Dich trifft, Du tönende Gestalt,

so wirst Du sterben

und Dein

Ton erlischt:

Ton wird zu Ton!

Kehrst Du dann heim

ins Reich der Ober-Töne?

(Weitere Gleichnisgedichte in:
„Lasse Los: Worum geht es eigentlich?"
Gleichnisgedichte, 2020 - BoD, Norderstedt)

Stets!

Oder:

LEBEN vor
und nach dem Tod

Form und Größe jeder Welle
sind   das   In-di-vi-du-el-le
wild bewegter Wassermasse:

Allen gleich ist stets das Nasse!

Was als isolierte Welle uns
erscheint, ist wie die Pelle
formbewegter Wassermasse:

Was sie eint, ist stets das Nasse!

Schnell verenden alle
Wellen, alle individuellen,
in dem Meer der Wassermasse:

Doch was bleibt, ist stets das Nasse!

Was bist Du nach dem Tod?

Bist
Du Lichtmeer,
wenn Du nicht mehr
in
der
Lichtfarbe
anwesend bist.

Wo bin ich, wenn ich
nicht mehr
bin?

Egal,
wo ich auch bin:
Ich bin in Etwas drin! Und
wenn ich nicht mehr bin,
wo bin ich denn
dann hin?

Kein Wo!
Kein Wann! Doch Wie?
Die Frage klärt sich nie!
Denn „nie" ist noch In-Zeit.

Das „wie" verweist auf Ewigkeit
und Ewigkeit ist Hier-und-Jetzt!
Das wird von mir in Stein gemetzt,
damit ich es auch stets beachte.

Zeitbefreit im Zeitenstreit?

Älter werden wir wohl stündlich
in der Zeit, die uns verbleibt.
Zeit: Du bist so unergründlich,
und wir sind Dir einverleibt.

Das Verkörperte, es endet
irgendwann, schon bald? im Tod.
Bleibt uns das Verkörpernde
nach dem letzten Abendrot?

Ist uns neues Sein beschieden?
Zieht es uns zum Zeitbefreiten,
das in manchem Zeitbestreiten

sich schon zeigte als ein Frieden,
den wir zwischen uns erspüren,
wenn wir zeitfrei uns berühren?

Zen-Dialog - Leben nach dem Tod?

A: Gibt es ein Leben nach dem Tod?
Z: *[zeigt seine Faust]* Was ist das?
A: Eine Faust.
Z: *[öffnet die Faust und zeigt die
   Handfläche]*
   Wo ist die Faust?

Epilog

Prä-
sent sein,
ein Präsent sein,
es geschehe!

In Wissens$_{neu}$gier
hab` ich manches angehäuft!
An Wissen bin ich mittlerweile reich!
Ich weiß so ungefähr, wie`s Leben sich verläuft.
Doch was ist mir gewiss und macht mich gleich

mit jenen, die viel weniger wissen,
sich aber gewiss sind, was sie trägt
und so das viele Wissen nicht vermissen,
weil es sich meist nur als Hirnlast niederschlägt.

Was kann ich denn vererben, wenn ich gehe,
an Einsicht über`s Leben, Leiden, Sterben?
Gewiss ist mir   - und dafür will ich werben:
Präsent sein, ein Präsent sein, es geschehe!

Räumlerwort im Flachland

In
einem
intuitiven Gewahren
von D E M, worum es eigentlich stets geht,
ist mehrfach mir DIE-EINSICHT widerfahren
in J E N E S, aus dem Alles entsteht,
in D A S zugleich auch Alles
verweht.

Wie soll ich
D A S   D A
annähernd beschreiben,
damit man es auch wirklich begreift?
Wie kann es bloß ein Räumler betreiben,
dass Flächlern ein Raumverständnis reift?

Wie kann denn ein farbig Sehender
den Farbenblinden Farbe sehen lassen,
ohne dass die bunten Farbenbänder
in Grau-in-Grau-Strukturen verblassen?

Ein jeglicher Versuch bleibt doch vergeblich!
Und trotzdem werd` ich`s immer wieder wagen!
Ob es gelingt, ist primär nicht erheblich.
Das Räumlerwort wird Flachland
zernagen.

Gewiss nicht sicher

Gewiss ist E S nicht sicher,
was wir erahnen, schauen, WISSEN
vom Nicht-Wißbaren, unsäglich
Un-aus-sprech-li-chen.
Gewiss ist E S !
Nicht sicher!

Lasse Los

(Weitere Gedichte mit Wort-Bildern in:
„Lasse Los: Den Umkehr-Blick wagen"
2016 BoD, Norderstedt)

Gewissheit als Auffangnetz

In keinem Falle möchte ich
mehr in der Wahrheitsfalle ruhen
und so in ihr gefangen sein.

Auch wenn ich dort in Sicherheit
mich wiegen kann und glauben,
die Wahrheit zu besitzen.

Ich ziehe jede Freiheit vor,
die Wahrheit ungeschützt zu sehen
und mit ihr meinen Weg zu gehen.

Mit ihr zu balancieren,
ganz ohne Fangnetz Sicherheit,
nur mit den Auffangnetzen der
ungesicherten Gewissheit.

Was
gewiss ist,
doch nicht sicher!

Gewiss ist nur gewiss, jedoch
nicht sicher. Denn unter`m Joch
der Sicherheitsbestrebungen
wird, was gewiss scheint,
nicht besungen.

Es gilt
allein die Sicherheit
der harten Fakten in der Zeit.
Den Wahn des Sicheren übersteigt,
was zeitfrei als gewiss sich zeigt.

Beweisen aber lässt sich`s   nicht.
Denn   die   Be-weis-bar-kei-ten-Sicht
weiß nichts von dem, was sich erweist,
wenn man gewahrend   es bereist,
im wärmenden Gewissheitslicht
nicht in der Faktensicht vereist.

Sicherheit und Gewissheit

Sie sind sich zum Verwechseln ähnlich!
Doch wohnen sie im jeweils and`ren
Schwerpunkt der Ellipse,
die Sicherheit und die Gewissheit.

Und wehe, wenn Du sie verwechselst!
Dann sicherst Du Dich ab und grenzt Dich ein,
wo nur Gewissheit, grenzenlos, Dich tragen kann.

Und gleichzeitig versicherst Du Dich
des artig-einzigartigen Geglaubes,
dort, wo nur GLAUBEN weiterhilft,
ein rah-men-frei ent-sicher-tes Vertrauen.

Nicht beweisbare Gewissheit

Gewissheit,
sie ist
wißbar,
ist
zeigbar
und
bezeugbar,
doch
nie
ist sie
beweisbar!

In der Reihe Edition LOS sind außerdem erschienen:

(Leseproben bei BoD – www.bod.de und einige Hörproben auf meinem YouTube-Kanal „Lasse Los" unter dem jeweiligen Titel)

Band 1: **Lasse Los: Im Staunen bin ich frei gesetzt**
Gedichte, Lieder, Texte 2001 - Neuauflage 2016 -
BoD, Norderstedt   *Hörproben auf YouTube*

Band 2: **Lasse Los: Verwundert**
Heilsames Misslingen - Testlauf in der Kunst des
Scheiterns - Gedichte und Briefe 2001, erweiterte
Neuauflage 2016 - BoD, Norderstedt

Band 3: **Lasse Los: *R*-AUSGEFLOGEN**
Ein bunter Abgesang auf einen Kreuzweg in und aus
der real existierenden Kirche!   Texte, Gedichte und
Briefe - erste Version 2001 - erweiterte Neuauflage
2016 - BoD, Norderstedt

Band 4: **Lasse Los: Seid ihr noch zu retten?**
Tiefenökologische und spirituelle Gleichnisse als
Music- Textivals - 2001 - erweiterte Neuauflage
2016 - BoD, Norderstedt   *Hörproben auf YouTube*

Band 5: **Lasse Los: Den Umkehr-Blick wagen**
Wort-Bilder und Gedichte - Erstauflage 2016 -
BoD, Norderstedt   *Hörproben auf YouTube*

Band 6: **Lasse Los: ...dennoch JA zum Leben sagen!**
Musik-Text-Collagen zu drei bewegenden tragischen
Schicksalen: Gesine Wagner, Etty Hillesum und Martin
Gray, 2016 - BoD, Norderstedt *Hörproben auf YouTube
unter: „Gesine Wagner: Im Feuer ist mein Leben verbrannt!"*

Band 7: **Lasse Los: Der GEIST weh(r)t (sich,) wo er will!**
Abgesang im Übergang zum Aufgang - oder: Den
Frommen entkommen - oder: Angewidert abgewandt
Kirchenkritische Gedichte und Texte - Erstauflage 2016
BoD, Norderstedt

Band 10: **Lasse Los: ...da muss doch noch LEBEN ins Leben
rein! Liederbuch** - 71 Lieder aus drei Jahrzehnten mit
Noten und Akkordsymbolen - 2017 - BoD, Norderstedt
Hörproben auf YouTube unter: „Bevor es zu spät ist!"

Band 11: Lasse Los: UMKEHREN oder UMKOMMEN?
Gedichte und Lieder zur aktuellen ökologischen
Weltlage 2020 - BoD, Norderstedt

Band 12: Lasse Los: Worum geht es eigentlich?
Gleichnisgedichte 2020 – BoD, Norderstedt

Ent  t!

Was

b  t?

Lasse Los